Karambolage billard: Mehr Rätsel und Puzzles

Probleme und Situationen, die Ihre taktischen Analyse- und Spielfähigkeiten verbessern

Allan P. Sand
PBIA/ACS Zertifizierter Billardlehrer

ISBN 978-1-62505-305-3
PRINT 7x10

ISBN 978-1-62505-459-3
PRINT 7.5x9.25

Copyright © 2019 Allan P. Sand

All rights reserved under International and Pan-American Copyright Conventions.

Published by Billiard Gods Productions.

Santa Clara, CA 95051

U.S.A.

For the latest information about books and videos, go to:
http://www.billiardgods.com

Acknowledgements

Wei Chao created the software that was used to create these graphics.

I want to specifically thank the following for help in making this book work:
Raye Raskin
Bob Beaulieu
Darrell Paul Martineau

Inhaltsverzeichnis

EINFÜHRUNG 1
Tischeinrichtung 1
Spielregeln 1
Erklärung der Billardkugeln 2
Tischptionen 2
Wie man studiert 2
Herausforderungen für Spaß & Gewinn 2
BEISPIELE FÜR SCHIEẞÜBUNGEN 3
   Gruppe 1, Satz 6 (diagram 2) 3
   Gruppe 5, Satz 11 (diagram 3) 4
GRUPPE 1 5
Gruppe 1, Satz 1 5
Gruppe 1, Satz 2 7
Gruppe 1, Satz 3 9
Gruppe 1, Satz 4 11
Gruppe 1, Satz 5 13
Gruppe 1, Satz 6 15
Gruppe 1, Satz 7 17
Gruppe 1, Satz 8 19
Gruppe 1, Satz 9 21
Gruppe 1, Satz 10 23
Gruppe 1, Satz 11 25
Gruppe 1, Satz 12 27
GRUPPE 2 29
Gruppe 2, Satz 1 29
Gruppe 2, Satz 2 31
Gruppe 2, Satz 3 33
Gruppe 2, Satz 4 35
Gruppe 2, Satz 5 37
Gruppe 2, Satz 6 39
Gruppe 2, Satz 7 41
Gruppe 2, Satz 8 43
Gruppe 2, Satz 9 45
Gruppe 2, Satz 10 47
Gruppe 2, Satz 11 49
Gruppe 2, Satz 12 51
GRUPPE 3 53
Gruppe 3, Satz 1 53
Gruppe 3, Satz 2 55
Gruppe 3, Satz 3 57
Gruppe 3, Satz 4 59
Gruppe 3, Satz 5 61
Gruppe 3, Satz 6 63
Gruppe 3, Satz 7 65
Gruppe 3, Satz 8 67

Gruppe 3, Satz 9	69
Gruppe 3, Satz 10	71
Gruppe 3, Satz 11	73
Gruppe 3, Satz 12	75
GRUPPE 4	**77**
Gruppe 4, Satz 1	77
Gruppe 4, Satz 2	79
Gruppe 4, Satz 3	81
Gruppe 4, Satz 4	83
Gruppe 4, Satz 5	85
Gruppe 4, Satz 6	87
Gruppe 4, Satz 7	89
Gruppe 4, Satz 8	91
Gruppe 4, Satz 9	93
Gruppe 4, Satz 10	95
Gruppe 4, Satz 11	97
Gruppe 4, Satz 12	99
GRUPPE 5	**101**
Gruppe 5, Satz 1	101
Gruppe 5, Satz 2	103
Gruppe 5, Satz 3	105
Gruppe 5, Satz 4	107
Gruppe 5, Satz 5	109
Gruppe 5, Satz 6	111
Gruppe 5, Satz 7	113
Gruppe 5, Satz 8	115
Gruppe 5, Satz 9	117
Gruppe 5, Satz 10	119
Gruppe 5, Satz 11	121
Gruppe 5, Satz 12	123
GRUPPE 6	**125**
Gruppe 6, Satz 1	125
Gruppe 6, Satz 2	127
Gruppe 6, Satz 3	129
Gruppe 6, Satz 4	131
Gruppe 6, Satz 5	133
Gruppe 6, Satz 6	135
Gruppe 6, Satz 7	137
Gruppe 6, Satz 8	139
Gruppe 6, Satz 9	141
Gruppe 6, Satz 10	143
Gruppe 6, Satz 11	145
Gruppe 6, Satz 12	147
BLANK TABLES	**149**

Einführung

Sie haben mehr Möglichkeiten, Ihre Fähigkeiten zu erweitern. Lernen Sie, mit einer Vielzahl von Ballpositionen umzugehen, die sich in jedem Spiel wiederfinden. Diese Layouts bieten Ihnen die Möglichkeit, umfangreiche Experimente durchzuführen. Diese persönlichen Testsituationen bieten erhebliche persönliche Wettbewerbsvorteile:

- Intellektuelles Training - Bewerten Sie die Layouts und überlegen Sie, wie viele Optionen verfügbar sind. Mache Skizzen von Wegen und (CB) Geschwindigkeiten und Drehungen für den Übungstisch. Dies erhöht Ihre analytischen und taktischen Fähigkeiten.

- Bestätigung der Fähigkeiten - Wenn Sie jedes Konzept ausprobieren, hilft Ihr Experiment, festzustellen, ob es (innerhalb Ihrer Fähigkeiten) oder nutzlos (zu schwierig oder fantastisch) ist. Dieser Vergleich zwischen mentalen Bildern und physischen Versuchen hilft, die Breite und Breite deiner Fähigkeiten zu bestimmen.

- Verbesserung der Fähigkeiten - Wenn ein Pfad vielversprechend aussieht, aber die Ausführung fehlschlägt, arbeiten Sie mit verschiedenen Geschwindigkeiten / Drehungen, um herauszufinden, was funktioniert. Mehrere aufeinanderfolgende Erfolge werden dies Ihrer persönlichen Bibliothek an Kompetenzen hinzufügen.

Tischeinrichtung

Die Papierverstärkungsringe zeigen die Standorte für jeden Ball. Platziere sie entsprechend der Trainingsübung, die du üben möchtest.

Spielregeln

Übe das mit jedem Billardspiel:
- Dreiband
- Einband
- Cadre

Erklärung der Billardkugeln

Ⓐ (CB1) (erste Billardkugel)

⊙ (CB2) (zweite Billardkugel)

● (RB) (rote Billardkugel)

Tischptionen

Jede Tischkonfiguration bietet vier (4) verschiedene Möglichkeiten, Punkte zu sammeln.

- CB1 > RB > CB2
- CB1 > CB2 > RB
- CB2 > RB > CB1
- CB2 > CB1 > RB

Wie man studiert

Beginnen Sie mit einer Sesselanalyse. Sehen Sie sich jedes Tischlayout an und prüfen Sie mögliche Spieloptionen. Stellen Sie sich vor, Sie versuchen Ihre Ideen. Bewerten Sie die entsprechende Geschwindigkeit und den Spin. Mache Skizzen und Notizen nach Bedarf.

Alternativ nehmen Sie dieses Buch zu Ihrem Billardtisch. Legen Sie die Papierverstärkungsringe in Position. Ermitteln Sie mental, auf wie viele verschiedene Arten Sie das Layout spielen können. Dann versuchen Sie Ihre Ideen und sehen Sie, ob Ihre Phantasie Ihren Fähigkeiten entspricht. Notieren Sie sich Ihre Ideen.

Am Billardtisch, wenden Sie Ihre Ideen an. Bei einem verpassten Schuss nehmen Sie Anpassungen an Ihren Geschwindigkeiten / Drehungen und Winkeln vor. So werden Sie ein härterer und gefährlicher Billardspieler.

Herausforderungen für Spaß & Gewinn

Erwäge, einen freundschaftlichen Wettbewerb unter deinen Freunden zu beginnen. Wählen Sie mehrere dieser Layouts und genießen Sie die Herausforderung.

Verwenden Sie ein Round-Robin-Format. Jeder versucht (1, 2 oder 3) Versuche. Der Gewinner erhält das Geld und eine weitere Runde beginnt.

Beispiele für Schießübungen

Gruppe 1, Satz 6 (diagram 2)

Kann deine Fantasie mit deiner Realität übereinstimmen?

Angesichts des Layouts haben Sie 4 mögliche Übungsoptionen, mit denen Sie experimentieren und verschiedene Lösungen ausprobieren können.

Gruppe 5, Satz 11 (diagram 3)

Jedes Diagramm ist eine Gelegenheit, zu experimentieren und Ihre Phantasie und Ihre Schießkünste zu testen.

Angesichts des Layouts haben Sie 4 mögliche Übungsoptionen, mit denen Sie experimentieren und verschiedene Lösungen ausprobieren können.

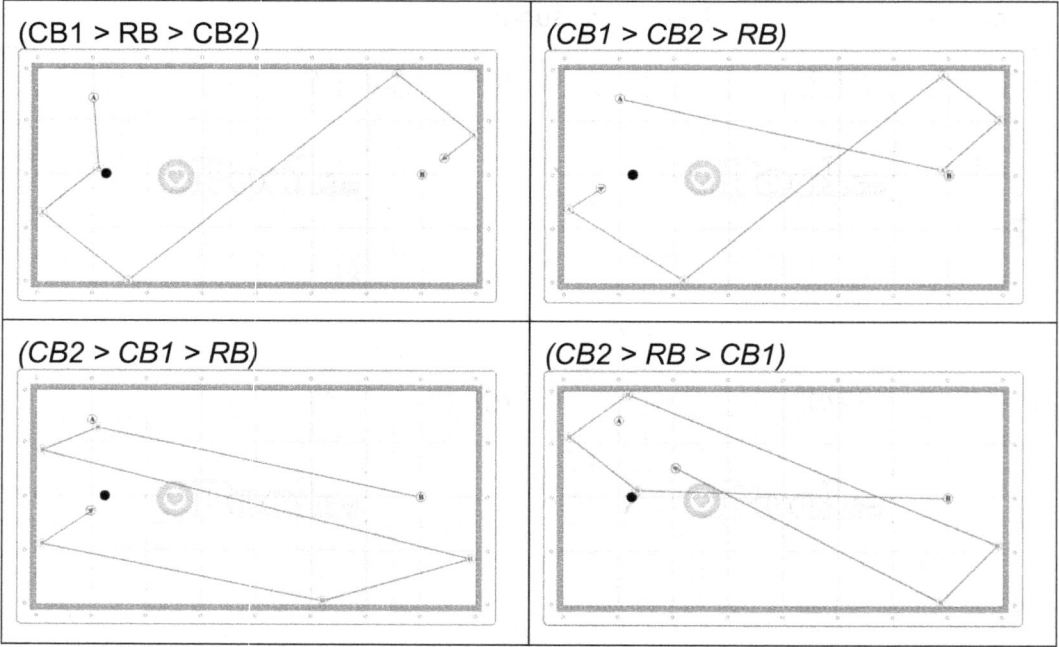

GRUPPE 1
Gruppe 1, Satz 1

NOTIZEN UND IDEEN:

Karambolage billard: Mehr Rätsel und Puzzles

NOTIZEN UND IDEEN:

Gruppe 1, Satz 2

NOTIZEN UND IDEEN:

Karambolage billard: Mehr Rätsel und Puzzles

NOTIZEN UND IDEEN:

Gruppe 1, Satz 3

NOTIZEN UND IDEEN:

Karambolage billard: Mehr Rätsel und Puzzles

NOTIZEN UND IDEEN:

Gruppe 1, Satz 4

NOTIZEN UND IDEEN:

Karambolage billard: Mehr Rätsel und Puzzles

NOTIZEN UND IDEEN:

Gruppe 1, Satz 5

NOTIZEN UND IDEEN:

NOTIZEN UND IDEEN:

Gruppe 1, Satz 6

NOTIZEN UND IDEEN:

NOTIZEN UND IDEEN:

Gruppe 1, Satz 7

NOTIZEN UND IDEEN:

Karambolage billard: Mehr Rätsel und Puzzles

NOTIZEN UND IDEEN:

Gruppe 1, Satz 8

NOTIZEN UND IDEEN:

Karambolage billard: Mehr Rätsel und Puzzles

NOTIZEN UND IDEEN:

Gruppe 1, Satz 9

NOTIZEN UND IDEEN:

Karambolage billard: Mehr Rätsel und Puzzles

NOTIZEN UND IDEEN:

Gruppe 1, Satz 10

NOTIZEN UND IDEEN:

Karambolage billard: Mehr Rätsel und Puzzles

NOTIZEN UND IDEEN:

Gruppe 1, Satz 11

NOTIZEN UND IDEEN:

NOTIZEN UND IDEEN:

Gruppe 1, Satz 12

NOTIZEN UND IDEEN:

NOTIZEN UND IDEEN:

GRUPPE 2
Gruppe 2, Satz 1

NOTIZEN UND IDEEN:

Karambolage billard: Mehr Rätsel und Puzzles

NOTIZEN UND IDEEN:

Gruppe 2, Satz 2

NOTIZEN UND IDEEN:

NOTIZEN UND IDEEN:

Gruppe 2, Satz 3

NOTIZEN UND IDEEN:

Karambolage billard: Mehr Rätsel und Puzzles

NOTIZEN UND IDEEN:

Gruppe 2, Satz 4

NOTIZEN UND IDEEN:

Karambolage billard: Mehr Rätsel und Puzzles

NOTIZEN UND IDEEN:

Gruppe 2, Satz 5

NOTIZEN UND IDEEN:

Karambolage billard: Mehr Rätsel und Puzzles

NOTIZEN UND IDEEN:

Gruppe 2, Satz 6

NOTIZEN UND IDEEN:

Karambolage billard: Mehr Rätsel und Puzzles

NOTIZEN UND IDEEN:

Gruppe 2, Satz 7

NOTIZEN UND IDEEN:

Karambolage billard: Mehr Rätsel und Puzzles

NOTIZEN UND IDEEN:

Gruppe 2, Satz 8

NOTIZEN UND IDEEN:

Karambolage billard: Mehr Rätsel und Puzzles

NOTIZEN UND IDEEN:

Gruppe 2, Satz 9

NOTIZEN UND IDEEN:

Karambolage billard: Mehr Rätsel und Puzzles

NOTIZEN UND IDEEN:

Gruppe 2, Satz 10

NOTIZEN UND IDEEN:

Karambolage billard: Mehr Rätsel und Puzzles

NOTIZEN UND IDEEN:

Gruppe 2, Satz 11

NOTIZEN UND IDEEN:

Karambolage billard: Mehr Rätsel und Puzzles

NOTIZEN UND IDEEN:

Gruppe 2, Satz 12

NOTIZEN UND IDEEN:

Karambolage billard: Mehr Rätsel und Puzzles

NOTIZEN UND IDEEN:

GRUPPE 3
Gruppe 3, Satz 1

NOTIZEN UND IDEEN:

Karambolage billard: Mehr Rätsel und Puzzles

NOTIZEN UND IDEEN:

Gruppe 3, Satz 2

NOTIZEN UND IDEEN:

Karambolage billard: Mehr Rätsel und Puzzles

NOTIZEN UND IDEEN:

Gruppe 3, Satz 3

NOTIZEN UND IDEEN:

NOTIZEN UND IDEEN:

Gruppe 3, Satz 4

NOTIZEN UND IDEEN:

Karambolage billard: Mehr Rätsel und Puzzles

NOTIZEN UND IDEEN:

Gruppe 3, Satz 5

NOTIZEN UND IDEEN:

NOTIZEN UND IDEEN:

Gruppe 3, Satz 6

NOTIZEN UND IDEEN:

NOTIZEN UND IDEEN:

Gruppe 3, Satz 7

NOTIZEN UND IDEEN:

NOTIZEN UND IDEEN:

Gruppe 3, Satz 8

NOTIZEN UND IDEEN:

Karambolage billard: Mehr Rätsel und Puzzles

NOTIZEN UND IDEEN:

Gruppe 3, Satz 9

NOTIZEN UND IDEEN:

NOTIZEN UND IDEEN:

Gruppe 3, Satz 10

NOTIZEN UND IDEEN:

NOTIZEN UND IDEEN:

Gruppe 3, Satz 11

NOTIZEN UND IDEEN:

Karambolage billard: Mehr Rätsel und Puzzles

NOTIZEN UND IDEEN:

Gruppe 3, Satz 12

NOTIZEN UND IDEEN:

Karambolage billard: Mehr Rätsel und Puzzles

NOTIZEN UND IDEEN:

GRUPPE 4
Gruppe 4, Satz 1

NOTIZEN UND IDEEN:

Karambolage billard: Mehr Rätsel und Puzzles

NOTIZEN UND IDEEN:

Gruppe 4, Satz 2

NOTIZEN UND IDEEN:

Karambolage billard: Mehr Rätsel und Puzzles

NOTIZEN UND IDEEN:

Gruppe 4, Satz 3

NOTIZEN UND IDEEN:

Karambolage billard: Mehr Rätsel und Puzzles

NOTIZEN UND IDEEN:

Gruppe 4, Satz 4

NOTIZEN UND IDEEN:

Karambolage billard: Mehr Rätsel und Puzzles

NOTIZEN UND IDEEN:

Gruppe 4, Satz 5

NOTIZEN UND IDEEN:

Karambolage billard: Mehr Rätsel und Puzzles

NOTIZEN UND IDEEN:

Gruppe 4, Satz 6

NOTIZEN UND IDEEN:

Karambolage billard: Mehr Rätsel und Puzzles

NOTIZEN UND IDEEN:

Gruppe 4, Satz 7

NOTIZEN UND IDEEN:

Karambolage billard: Mehr Rätsel und Puzzles

NOTIZEN UND IDEEN:

Gruppe 4, Satz 8

NOTIZEN UND IDEEN:

Karambolage billard: Mehr Rätsel und Puzzles

NOTIZEN UND IDEEN:

Gruppe 4, Satz 9

NOTIZEN UND IDEEN:

Karambolage billard: Mehr Rätsel und Puzzles

NOTIZEN UND IDEEN:

Gruppe 4, Satz 10

NOTIZEN UND IDEEN:

NOTIZEN UND IDEEN:

Gruppe 4, Satz 11

NOTIZEN UND IDEEN:

Karambolage billard: Mehr Rätsel und Puzzles

NOTIZEN UND IDEEN:

Gruppe 4, Satz 12

NOTIZEN UND IDEEN:

Karambolage billard: Mehr Rätsel und Puzzles

NOTIZEN UND IDEEN:

GRUPPE 5
Gruppe 5, Satz 1

NOTIZEN UND IDEEN:

Karambolage billard: Mehr Rätsel und Puzzles

NOTIZEN UND IDEEN:

Gruppe 5, Satz 2

NOTIZEN UND IDEEN:

Karambolage billard: Mehr Rätsel und Puzzles

NOTIZEN UND IDEEN:

Gruppe 5, Satz 3

NOTIZEN UND IDEEN:

Karambolage billard: Mehr Rätsel und Puzzles

NOTIZEN UND IDEEN:

Gruppe 5, Satz 4

NOTIZEN UND IDEEN:

Karambolage billard: Mehr Rätsel und Puzzles

NOTIZEN UND IDEEN:

Gruppe 5, Satz 5

NOTIZEN UND IDEEN:

NOTIZEN UND IDEEN:

Gruppe 5, Satz 6

NOTIZEN UND IDEEN:

Karambolage billard: Mehr Rätsel und Puzzles

NOTIZEN UND IDEEN:

Gruppe 5, Satz 7

NOTIZEN UND IDEEN:

Karambolage billard: Mehr Rätsel und Puzzles

NOTIZEN UND IDEEN:

Gruppe 5, Satz 8

NOTIZEN UND IDEEN:

Karambolage billard: Mehr Rätsel und Puzzles

NOTIZEN UND IDEEN:

Gruppe 5, Satz 9

NOTIZEN UND IDEEN:

Karambolage billard: Mehr Rätsel und Puzzles

NOTIZEN UND IDEEN:

Gruppe 5, Satz 10

NOTIZEN UND IDEEN:

Karambolage billard: Mehr Rätsel und Puzzles

NOTIZEN UND IDEEN:

Gruppe 5, Satz 11

NOTIZEN UND IDEEN:

Karambolage billard: Mehr Rätsel und Puzzles

NOTIZEN UND IDEEN:

Gruppe 5, Satz 12

NOTIZEN UND IDEEN:

Karambolage billard: Mehr Rätsel und Puzzles

NOTIZEN UND IDEEN:

GRUPPE 6
Gruppe 6, Satz 1

NOTIZEN UND IDEEN:

Karambolage billard: Mehr Rätsel und Puzzles

NOTIZEN UND IDEEN:

Gruppe 6, Satz 2

NOTIZEN UND IDEEN:

Karambolage billard: Mehr Rätsel und Puzzles

NOTIZEN UND IDEEN:

Gruppe 6, Satz 3

NOTIZEN UND IDEEN:

Karambolage billard: Mehr Rätsel und Puzzles

NOTIZEN UND IDEEN:

Gruppe 6, Satz 4

NOTIZEN UND IDEEN:

Karambolage billard: Mehr Rätsel und Puzzles

NOTIZEN UND IDEEN:

Gruppe 6, Satz 5

NOTIZEN UND IDEEN:

Karambolage billard: Mehr Rätsel und Puzzles

NOTIZEN UND IDEEN:

Gruppe 6, Satz 6

NOTIZEN UND IDEEN:

Karambolage billard: Mehr Rätsel und Puzzles

NOTIZEN UND IDEEN:

Gruppe 6, Satz 7

NOTIZEN UND IDEEN:

Karambolage billard: Mehr Rätsel und Puzzles

NOTIZEN UND IDEEN:

Gruppe 6, Satz 8

NOTIZEN UND IDEEN:

Karambolage billard: Mehr Rätsel und Puzzles

NOTIZEN UND IDEEN:

Gruppe 6, Satz 9

NOTIZEN UND IDEEN:

Karambolage billard: Mehr Rätsel und Puzzles

NOTIZEN UND IDEEN:

Gruppe 6, Satz 10

NOTIZEN UND IDEEN:

Karambolage billard: Mehr Rätsel und Puzzles

NOTIZEN UND IDEEN:

Gruppe 6, Satz 11

NOTIZEN UND IDEEN:

Karambolage billard: Mehr Rätsel und Puzzles

NOTIZEN UND IDEEN:

Gruppe 6, Satz 12

NOTIZEN UND IDEEN:

Karambolage billard: Mehr Rätsel und Puzzles

NOTIZEN UND IDEEN:

Blank Tables

(Print these to capture & practice interesting layouts.)

www.ingramcontent.com/pod-product-compliance
Lightning Source LLC
Chambersburg PA
CBHW081921170426
43200CB00014B/2797